AF314362

TAPISSERIES

Tableaux, Objets d'Art

BIBLIOTHÈQUE

IMPRIMERIE MAULDE ET RENOU

A. MAULDE & Cᵢᵉ

IMPRIMEURS DE LA COMPAGNIE DES COMMISSAIRES-PRISEURS

Rue de Rivoli, 144

VENTE

DES

TAPISSERIES

TABLEAUX

Faïences, Bronzes, Meubles anciens

ET DE LA

BIBLIOTHÈQUE

DÉPENDANT

De la Succession de M. AUGUSTE MAQUET

ELLE AURA LIEU A L'HOTEL DES VENTES

POUR LES OBJETS D'ART

Salle n° 8, les Jeudi 5 et Vendredi 6 Juin 1890

A DEUX HEURES

ET POUR LA BIBLIOTHÈQUE

Salle n° 6, les Mardi 10 et Mercredi 11 Juin 1890

A DEUX HEURES

Mᵉ SARRUS, Commissaire-Priseur, rue Saint-Lazare, 74

M. B. LASQUIN	**M. Jules MARTIN**
EXPERT EN OBJETS D'ART	LIBRAIRE-EXPERT
Rue Laffitte, 12	Boulevard Haussmann, 19

EXPOSITION PUBLIQUE A LA SALLE N° 8

Le Mercredi 4 Juin 1890, de 1 heure 1/2 à 5 heures 1/2

PARIS — 1890

CONDITIONS DE LA VENTE

La vente aura lieu au comptant.

Les Adjudicataires paieront, en sus de leurs prix CINQ CENTIMES PAR FRANC, applicables aux frais.

L'Exposition permettant au public de se rendre compte de l'état des objets, il ne sera admis aucune réclamation une fois l'adjudication prononcée.

A. MAULDE et Cⁱᵉ, imprimeurs de la Compagnie des Commissaires-Priseurs, rue de Rivoli, 144   300—6394

I. OBJETS D'ART

Vente à la Salle nᵒ 8, les 5 et 6 Juin 1890

TAPISSERIES

1-2 — Deux grandes et belles Tapisseries Louis XIV, d'après Téniers : Joueurs de cartes, Joueurs de boules.

3 — Tapisserie ancienne : Paysage et Village au centre.

4 — Tapisserie ancienne : Paysage avec fontaines jaillissantes.

5 — Autre Tapisserie ancienne : Bergers flamands et animaux.

6 — Portière en Aubusson.

7-11 — Cinq Tapisseries de Bruxelles, dans le goût de Téniers : Personnages, Oiseaux, Fleurs, etc.

12 — Panneau en tapisserie ancienne.

٭٭

13-14 — Lambrequins et Dessus de porte en tapisserie ancienne.

15 — Devant de cheminée en tapisserie ancienne.

TABLEAUX

16 — Important Tableau de Corot : Vue de Trouville.

17 — Autre Paysage de Corot : Entrée d'un bois avec château dans le fond.

18 — Tableau genre Boucher : Villageois.

19 — Paysage de Rolland (Pastel).

20 — Miniature : Portrait de femme, du temps de l'Empire.

21 — Paysage par L. Boulanger.

22-27 — Six Panneaux décoratifs par le même.

28-29 — Deux Tableaux par le même : Femmes au bain, Femmes cueillant des fleurs.

30 — Aquarelle par le même (Scène tirée des trois Mousquetaires).

31 — Tableau (Scène de Macbeth), par le même.

32 — Autre Tableau : les Georgiques, par le même.

33 — Paysage signé Th. Frère.

34-35 — Quatre Paysages signés Brissot.

36 — Bouquet de roses, par Oury.

37 — Un Cadre contenant dix Dessins par Giraud :
Souvenirs d'Espagne.

38 — Aquarelle : le Bûcheron, par C. Nanteuil.

39 — Amphitrite, par Baron.

40 — Aquarelle, par Bourgeois.

41 — Marine.

42 — Tableau de l'École française du xviiie siècle.

43 — Paysage dans le genre de Flers.

FAIENCES ET PORCELAINES

44-45 — Deux beaux Groupes en Saxe ancienne :
Danseurs, Chanteuse et Musicien.

46-47 — Quatre Coupes en Chine et bronze.

48 — Deux Vases en Chine.

49 — Fontaine forme de vase, en faïence ancienne.

50 — Vide-Poche en Saxe.

51-52 — Ménagère et Encrier en faïence ancienne.

53 — Deux Cornets en Japon.

54 — Deux Potiches en Delft.

55 — Soupière en vieux Chine.

56 — Fontaine d'applique en Rouen.

57-58 — Lampes en Japon et Chine.

59-60 — Assiettes en Rouen et Nevers.

61 — Soixante Assiettes en vieille porcelaine de Chine.

62 — Cinq petits Plateaux à contours, en Chine.

63 — Grand Plat, vieux Rouen, décors bleus.

64-68 — Cinq Plats en Japon.

69-70 — Deux Plats en Chine.

71-72 — Plats long et rond à la corne, en Rouen.

73 — Plat en Rouen, décors bleus.

74 — Plat en faïence de Strasbourg.

75-76 — Hanap et Compotier en porcelaine allemande.

77 — Service (Plats et Assiettes) en Chantilly.

78 — Grand Plat long à contours, décors chinois en rouge.

79 — Deux grandes Potiches en vieux Japon, à côtes.

80 — Vase en Delft, décors bleus.

81 — Vase en Nevers.

82 — Deux Potiches en porcelaine de Canton.

83 — Fontaine, forme vase, en faïence italienne.

84-85 — Sucrier et Pot à crème en Marseille.

86-92 — Plats creux, Plateaux, Corbeilles, décors bouquets de fleurs.

93-95 — Bol et Écuelles en Chine.

96-97 — Sucrier et Vase à couvercle en Japon.

98-99 — Hanap et Cache-Pot en Rouen.

100 — Quatre Couteaux anciens, manches en Chantilly.

101 — Deux Vases en porcelaine de Chine, avec candélabres.

102 — Deux Lampes en Delft.

103 — Jardinière en faïence de Marseille.

104 — Coupe en Japon et bronze.

105-106 — Bouteille et Plat en vieux Japon.

107 — Cornet en émail rose de Chine.

108 — Grande Coupe en Japon et bronze doré.

109-110 — Deux Vases sphériques en faïence italienne.

111-113 — Gourde et deux Vases en Delft.

***

BRONZES

—

114 — Pendule Louis XIV en écaille et bronze doré.

115 — Deux Girandoles Louis XVI en bronze doré.

116 — Deux Bouts-de-Table en bronze doré (Pélican).

117-118 — Quatre Flambeaux Empire en bronze vert.

119 — Pendule en marbre : Groupe en bronze de Nittot.

120 — Rouet en bronze doré.

121 — Galerie de foyer Empire en bronze doré.

122 — Deux Coupes en bronze du Japon.

123 — Deux Bouts-de-Table en bronze doré.

124 — Médaillon en bronze : Gérard de Nerval.

125 — Deux Flambeaux en marbre et bronze, de l'Empire.

126 — Deux paires d'Appliques en bronze doré, style Louis XV.

127 — Deux Flambeaux en bronze doré.

128 — Une Pendule Louis XVI en marbre et bronze.

129 — Un Biscuit : Fileuse, époque Louis XVI.

130 — Terre cuite de Fratin : Sanglier.

131 — Deux Candélabres de Marochetti : Mousquetaires.

132 — Pendule, dite religieuse, de Louis XIII.

133 — Belle Pendule Louis XVI ornée de figures : Liseurs.

134 — Candélabres en bronze Empire : Renommées.

135-136 — Bustes de Voltaire et Rousseau.

137-138 — Statuettes en bronze : La Fontaine et Rabelais.

139-140 — Deux Coupes en bronze.

141 — Pendule et Candélabres Empire.

142 — Deux paires d'Appliques, style Louis XVI.

143 — Trépieds en bronze.

144 — Pendule et Socle de suspension Louis XV

145 — Coupe en bronze.

146 — Surtout Empire en bronze doré, richement ciselé.

147 — Autre Surtout en métal argenté.

148-149 — Deux Bronzes : Chien et Cerfs.

150 — Groupe en marbre par Glorieux (Médaillon).

151 — Lustre en cuivre et cristaux anciens.

OBJETS DIVERS

152-153 — Coffret et Boîte à ouvrage en bois noir, plaques de porcelaine et bronze.

154-157 — Instruments de musique : Flûte, Violon, Cors de chasse.

158 — Mousqueton Henri III.

159 — Miroir Louis XIII.

160 — Boite à jeu en vernis Martin.

161 — Boite à jeu en marqueterie.

162 — Coupes, Vases, en cristal ancien de Venise et de Bohême.

163 — Dessus de porte en bois sculpté, doré, avec guirlandes de fleurs, époque Louis XVI.

MEUBLES ANCIENS

EN MARQUETERIE DE BOIS, ÉPOQUE LOUIS XVI

Un Lit, deux Fauteuils et six Chaises, forme à la lyre, de la même époque.

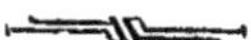

II. BIBLIOTHÈQUE

Vente à la Salle n° 6, les 10 et 11 Juin 1890

1 — **Actes** des apôtres. 270 n°ˢ en 9 vol. in-8, v.

2 — **Album** ou collection complète des costumes de la Cour de Rome, des ordres monastiques, religieux et militaires. 1862, in-4. br. *Fig. color.*

3 — **Ana** ou collection de bons mots, contes, anecdotes. *Amst.*, 1789, 9 vol. in-8, bas.

4 — **Archives** de la Comédie-Française. Registre de La Grange. *Paris, Claye,* 1876, in-4, br.

5 — **Arnault.** Vie politique et militaire de Napoléon. *Paris,* 1822, 2 vol. in-fol., demi-rel. n. rog. *134 pl.*

6 — **Augier** (E.). Le Joueur de flûte. 1851 (1ʳᵉ éd.). — Sapho. 1851. — L'Aventurière. 1853 (1ʳᵉ éd.). — Ceinture dorée. 1855. — Le Mariage d'Olympe. 1855. — La Jeunesse. 1858. — La Ciguë. 1863. — Le Fils de Giboyer. 1863. — Diane. 1853. — La Jeunesse. 1858. — Le Post-Scriptum. 1869. — Paul Forestier. 1868. Ens. 12 vol. in-12, br. *Envois d'auteur.*

7 — **Augier** (E.). Lions et renards. 1870. — Jean de Thommeray. 1874. — Madame Caverlet. 1876. — Les Fourchambault. 1878. Ens. 4 vol. in-8, br.
Premières éditions avec envois d'auteurs.

8 — **Auteurs latins** (Collection des) avec la traduction en français, publiée par Nisard. *Paris, Dubochet.* 1851, 27 vol. gr. in-8, demi-rel., n. rog.

9 — **Autran** (J.). Le poème des beaux jours. 1862. — Laboureurs et Soldats. 1854. — Milianah. 1857. Ens. 3 vol. in-8 et in-12, br. *Envois d'auteur.*
Premières éditions.

10 — **Autran**. Les Poèmes de la mer. *Paris*, 1852, in-8, br. *Envoi d'auteur.* *1re éd.*

11 — **Bachaumont**. Mémoires secrets pour servir à l'histoire de la République des lettres en France, depuis 1762. *Londres*, 1784, 36 tomes en 16 vol. in-12, demi-rel., v.

12 — **Bailly**. Histoire de l'astronomie. *Paris*, 1785, 5 vol. in-4, v. *Pl.*

13 — **Balzac** (H. de). Œuvres. *Paris, librairie nouvelle*, 1860, 45 vol. in-12, demi-rel.

14 — **Balzac** (H. de). David Séchard. *Paris*, 1843, 2 vol. in-8, br. *1re éd.*

15 — **Bayle** et **Chauffepié.** Dictionnaire historique et critique. *Amst.*, 1720-1750, 8 vol. in-fol., v.

16 — **Béloselski**. Epitres aux François, aux Anglais et Républicains de Saint-Marin. *Paris, Didot*, 1789, in-8, pap. vél., maroq. rouge, fil., tr. dor. *Rel. anc.*

17 — **Béranger**. Chansons. *Paris, Perrotin.* 1859,
4 vol. in-8, demi-rel. *Fig. de Charlet, Johannot,
Grandville, etc.*

18 — **Bernard.** Le Monde, son origine, son antiquité.
Londres, 1751, in-12, maroq. rouge, dent., tr. dor.
Rel. anc.

19 — **Berquin.** Idylles. *Paris, Ruault,* 1775, in-18, v.
Fig. de Marillier.

20 — **Besenval** (Le baron de). Mémoires, 1805, 3 vol.
in-8, vél. *Portr.*

21 — **Bibliothèque** dramatique de M. de Soleüme;
Catalogue rédigé par P.-L. Jacob. *Paris,* 1843,
5 vol. in-8 parties in-8, br.

22 — **Blaze** (E.). Le Chasseur au Chien courant et au
Chien d'arrêt. *Paris,* 1838-46. 3 vol. in-8, br.

23 — **Boccace.** Le Décameron. *Londres,* 1757. 4 vol.
gr. in-8, mar. rouge, fil. tr. dor. *Rel. anc.*

Bel exemplaire en grand papier avec les figures de
Gravelot du premier tirage.

Incomplet du tome III.

24 — **Boileau Despréaux.** Œuvres avec des notes, par
de Saint-Marc. *Paris,* 1772, 6 vol. in-8, v. fau. *Fig.
de B. Picart.*

25 — **Boisard.** Fables. *Paris,* 1777, 2 vol. in-8, v. fau.
Fig. de Monnet. Papier de Hollande.

26 — **Borel** (Petrus). Le Lycanthrope. Madame Puti-
phar. *Paris, Ollivier.* 1839, 2 vol. in-8, br. avec
couverture. *Vig. par L. Boulanger.*

Edition originale. Envoi d'auteur. Signé.

27 — **Bossuet** et Fléchier. Oraisons funèbres. *Paris, Janet,* 1820, 2 vol. in-8, v. fau. *Fig.*

28 — **Bouillet**. Dictionnaire et Atlas d'histoire et de géographie, *Hachette,* 1865-69, 2 vol. gr. in-8, cart.

29 — **Bourbon-Conti** (Stéphanie-Louise de). Mémoires historiques. 1798, 2 vol. in-8, bas.

30 — **Bourgeois**. Vues d'Italie. 1804, in-fol. cart. 96 *Pl.*

31 -- **Brantôme**. Mémoires. *Luxembourg,* 1735, 15 vol. in-12, v.

32 — **Brice** (G.). Description de la Ville de Paris, 1752. 4 vol. in-12, v. *Pl.*

33 — **Brunoy** (Le P.). Théâtre des Grecs. *Paris, Cussac,* 1785, 13 vol. in-8, maroq. rouge, fil., tr. dor., rel· anc. *Fig. Papier vélin. Bel exemplaire.*

34 — **Bruzen de La Martinière**. Histoire de la vie et du règne de Louis XIV, roi de France. *La Haye,* 1740, 5 vol. in-4, v.

35 — **Bruzen de La Martinière**. Le grand Dictionnaire, géographique, historique et critique. 1739, 6 vol. in-fol. v.

36 — **Buffon** et **Lacépède**. Histoire naturelle générale et particulière avec la description du cabinet du Roy. *Paris. Imp. Roy.,* 1750, 38 vol. in-4, v. marb. tr. dor. *Pl.*

37 — **Bury**. Histoire de la vie de Henri IV, roi de France, 1765, 2 vol. in-4, v. *Portr.*

38 — **Cabinet des Fées** ou Collection choisie des Contes des Fées et autres Contes merveilleux. *Amst.* 1785, 37 vol. in-8, demi-rel. *Fig. de Marillier.*

39 — **Campestre** (Madame de). Mémoires. *Paris,* 1827. 2 vol. in-8, cart.

40 — **Castelnau.** Mémoires. *Bruxelles,* 1731, 3 vol. in-fol. cart. n. rog. *Portr.*

41 — **Cattan** (Christofe de). La Geomance. *Paris, Gilles.* 1558, in-4, parch.

42 — **Cervantes.** Don Quichotte, trad. par Viardot. *Paris,* 1836, 2 vol. gr. in-8, demi-rel. *Fig. de T. Johannot.*

43 — **Challamel.** Histoire-Musée de la République Française. *Paris,* 1862, 2 vol. gr. in-8, br. *Fig.*

44 — **Chevrier.** Œuvres. *Londres,* 1774, 3 vol. in-12, v.

45 — **Chronique** scandaleuse ou mémoires pour servir à l'histoire de la génération présente. *Paris,* 1786. 5 vol. in-12, demi-rel, n. rog.

46 — **Claretie.** Candidat. *Paris, Dentu,* 1887, in-12, br. *Papier de Hollande. Envoi d'auteur.*

47 — **Collection** des Mémoires sur l'art dramatique. *Paris,* 1822, 12 vol. in-8, br.

48 — **Comines** (Ph. de). Mémoires. *Brusselle,* 1706, 4 vol. in-8, v. *Portr.*

49 — **Condé.** Mémoires servant d'éclaircissement et de preuves à l'histoire de M. de Thou. *Londres,* 1743, 6 vol in-4, v. *Portr.*

5o — **Cordellier-Delanoue.** Le Barbier de Louis XI. Paris, 1832, in-8, br. *Vig. de T. Johannot.*

51 — **Cordier.** Les Champignons de la France. *Paris, Rothschild,* 1870, gr. in-8, br. *Pl. color.*

52 — **Corneille** (P.). Œuvres complètes, *Paris, Lefèvre,* 1834, 2 vol, gr. in-8, demi-rel. n. rog.

53 — **Corneille** (P. et Th.). Théâtre. *Amsterdam,* 1740, 13 vol. in-12, fig. maroq. rouge, tr. dor. *Rel. anc.*

54 — **Corneille** (P.) Théâtre. *Paris, Bossange,* 1797, 12 vol. in-8, demi-rel. *Fig. de Gravelot.*

55 — **Costumes** d'acteurs des xviie et xviiie siècles. 1 vol. in-4, demi-rel. 108 *pl. color.*

56 — **Crébillon.** Œuvres complètes. *Paris,* 1785, 3 vol. in-8, v. *Fig. de Marillier.*

57 — **Créquy** (La marquise de). Souvenirs. *Paris. Delloye,* 1842, 10 tomes en 5 vol. in-12, demi-rel. *Portr.*

58 — **Daniel** (Le P.) Histoire de France. *Amst.,* 1720, 6 vol. in-4, v.

59 — **Daviler.** Cours d'Architecture. *Paris,* 1691, 2 vol. in-4, v. *Pl.*

6o - - **Delisle de Sales.** Dictionnaire de chasse et de pêche. *Paris,* 1769, 2 vol. in-12, v.

61 — **Deslyons.** Traitez singuliers et nouveaux contre le paganisme du Roy-Boit. *Paris,* 1670, in-12, maroq. citr. fil. tr. dor. *Rel. anc.*

62 — **Desnos**. Nouvel atlas de la généralité de Paris. 1762, in-4, v. *Cartes*.

63 — **D'Herbelot**. Bibliothèque orientale. 1781. 6 vol. in-8, v.

64 — **Dovalle**. Poésies de feu Ch. Dovalle, précédées d'une préface par V. Hugo. *Paris, Ladvocat*, 1830, in-8, maroq. noir.

Exemplaire sur papier rose.

65 — **Du Barri** (la Comtesse). Mémoires, 1845. 5 vol. in-8, br.

66 — **Dubreul**. Le Théàtre des antiquitez de Paris, 1639, in-4, v.

67 — **Dumas** (A.). L'Alchimiste, drame. *Paris, Dumont*, 1839, in-8. br.

Edition originale. Grand papier.

68 — **Dumas** (A.). Le Mousquetaire. Nov. 1853 à mai 1854, 189 numéros en 1 vol. in-fol. demi-rel.

69 — **Dumas fils** (A.). La Question du divorce, 1880.— Denise. 1885. 2 vol. in-8, br. *Envois d'auteur.*

70 — **Dumas** (A.). Le Veloce, ou Tanger. Alger et Tunis. *Paris*, 1848, 2 vol. in-8, br. *Fig.*

71 — **Dumas** (A.). Mademoiselle de Belle-Isle, drame. *Paris, Dumont*, 1839, in-8., br.

Edition originale.

Exemplaire en grand papier avec envoi d'auteur.

72 — **Dumas** (A.). Œuvres. *Paris, Cadot, Dumont, Baudry*, 1844-1851, 135 vol. in-8, br.

Premières éditions.

73 — **Dumas** (Le Comte Mathieu). Précis des Événements militaires des Campagnes de 1799 à 1814. *Paris*, 1824, 5 vol. in-8, demi-rel.

74 — **Dumas fils** (A.). Théâtre complet. Edition des Comédiens. *Paris, Calmann-Lévy*, 1882-1886, 6 vol. in-8, br.
Papier Whatman.

75 — **Dumas** (A.) et A. Maquet. Les Trois Mousquetaires. *Paris*, 1846, gr. in-8, chag. rouge, tr. dor. *Fig.*

76 — **Dumas fils** (A.). Césarine. *Paris, Cadot*, 1848, in-8, br. 1ʳᵉ édition.

77 — **Dumas fils** (A.). La Dame aux Camélias. — Le Demi-Monde. — Diane de Lys. *Paris*, 1855, 3 vol. in-12, br. *Envois d'auteur.*

78 — **Dumas fils.** Péchés de Jeunesse. *Fellens et Dufour*, 1847, in-8, br. couvert.
Envoi d'auteur.

79 — **Duvert.** Théâtre choisi. *Paris, Charpentier*, 6 vol. in-12, br.

80 — **Editions savantes** publiées par Benoist, Pierron, Tournier et Weil. *Hachette*, 1868, 6 vol. in-8, br.
Homère, Euripide, Sophocle, Virgile.

81 — **Flœming** et **Tibbins.** Dictionnaire anglais-français. *Paris, Didot*, 1854, 2 vol in-4, cart.

82 — **Gaulle** (De). Nouvelle Histoire de *Paris.* 1839. 5 vol. gr. in-8, br. *Fig.*

83 — **Gauthier** (Th.) Albertus ou l'âme et le péché. Légende théologique. *Paris, Paulin*, 1883, in-12, br. avec couverture (manque le frontispice).
Édition originale, très rare.

84 — **Gautier** (Th.) Poésies, *Paris, Ch. Mary*, 1830. in-18 br. avec couverture.

> Edition originale très rare. Envoi d'auteur signé : *A Auguste Maquet, mon ami de cœur.*

85 — **Gœthe.** Faust, trad par H. Blaze. *Paris. Lévy*, 1847, gr. in-8, br. *Fig. de T. Johannot.*

86 — **Gourdon**. Le Bois de Boulogne. 1861, gr. in-8, br. *Illustr. de Morin.*

87 — **Gourdon de Genouillac.** Paris à travers les âges. *Paris, Roy*, 1879, 5 vol. in-4, demi-rel. chag. n. rog. *Pl. color.*

88 — **Goury de Champgrand.** Traité de Venerie et de Chasses. *Paris*, 1769, in-4, cart. *Pl.*

89 — **Gozlan** (L.) Le Dragon rouge. *Paris*, 1843. 2 vol. in-8, br. 1re éd.

90 — **Graincourt**. Les Hommes illustres de la marine française. 1780, in-4, demi-rel. *Portr.*

91 — **Grasset-Saint-Sauveur.** Encyclopédie des voyages. Collection des habillemens civils, militaires et religieux. 1796, 3 vol. in-4, demi-rel. *Pl. color.*

92 — **Griffet.** Histoire du règne de Louis XIII, roy de France. 1758, 3 vol. in-4, v.

93 — **Grimm et Diderot.** Correspondance littéraire. 1813, 17 vol. in-8, demi-rel.

94 — **Histoire** de Turenne. 1735, 2 vol. in-4, v. *Pl.*

95 — **Hugo** (V.). Œuvres. *Paris*, 1840-1866, 35 vol. in-8, demi-rel.

96 — **Janin** (J.) Deburau. Histoire du théâtre à quatre sous. *Paris, Gosselin*, 1833, 2 tomes en 1 vol. in-18, demi-rel., n. rog. *Fig.*

97 — **Janin** (J.) Les gaîtés champêtres. 1851, 2 vol. — La religieuse de Toulouse, 1850. 2 vol. Ens. 4 vol. in-8, br.

98 — **Jean de Troyes.** Histoire de Louis XI, roy de France. 1620, in-4, parch.

99 — **Labiche** (Eug.) Théâtre complet. *Lévy*, 1878, 10 vol. in-12, br. *Envoi d'auteur.*

100 — **Lachâtre.** Histoire des Papes. 1842, 10 vol. gr. in-8, br.

101 — **Lacroix** (P.). Arts, Sciences et Lettres, mœurs et usages au Moyen-Age et à l'époque de la Renaissance, 3 vol. — XVIIe siècle. — XVIIIe siècle, 2 vol. — Directoire. *Paris, Didot*, 1877-85, 7 vol. gr. in-8, br. *Pl. en couleurs. Envois d'auteurs.*

102 — **Lacroix** (P.) Louis XII et Anne de Bretagne. *Paris, Hurtrel*, 1882. gr. in-8 br. *Pl. Envoi d'auteur.*

103 — **La Croix du Maine** et **Du Verdier.** Les Bibliothèques françoises, publiées par Rigoley de Juvigny. 1773, 6 vol. in-4, v.

104 — **La Fontaine.** Fables. *Paris, Renouard*, 1795, 2 vol. in-8, v. tr. dor. *Fig. de Moreau.*

105 — **La Pérouze.** Stances sur l'Evangile. *Paris*, 1771. in-12, maroq. rouge, fil. tr. dor. *Rel. anc.*

Aux armes du duc d'Aiguillon.

106 — **Larrey.** Histoire d'Angleterre, d'Ecosse et d'Irlande, *Rotterdam,* 1697, 4 vol. in-fol. demi-rel. *Portr.*

107 — **Laurent-Pichat.** Libres paroles. 1847. — Les Voyageuses. 1844, 2 vol. in-8, br. *Envois d'auteur.*

108 — **Le Bouvier-Desmortiers.** Vie du général Charrette. 1809, 3 vol. in-8, br.

109 — **Le Pippre de Nœufville.** Abrégé chronolog. et histor. de l'origine, du progrès et de l'état actuel de la maison du Roy et de toutes les troupes de France. *Liège,* 1734, 3 vol. in-4, v.

110 — **Lesage.** Histoire de Gil Blas, *Paris, Paulin,* 1835, gr. in-8, demi-rel. *Fig. par Gigoux.*

111 — **Lesage.** Le Géographe parisien ou le Conducteur des rues de Paris, 1769, 2 vol. in-8, v. *Fl.*

112 — **Lesage** et **d'Orneval.** Le théâtre de la Foire. *Paris,* 1781, 10 vol. in-12, v. *Fig.*

113 — **L'Estoile** (P. de). Journal de Henri III et de Henri IV, 1744, 9 vol. pet. in-8, v.

114 — **Littré.** Dictionnaire de la langue française. *Paris, Hachette,* 1878, 5 vol. in-4, demi-rel. ch. vert.

115 — **Longus.** Daphnis et Chloé, traduction d'Amyot. Préface par A. Dumas fils. *Londres, Glady,* 1878, in-18, br. *Envoi de M. A. Dumas.*

116 — **Lorenz.** Catalogue général de la librairie française. 1840-1865. *Paris,* 1867, 4 vol. in-8, demi-rel. maroq.

117 — **Maintenon** (Madame de). Mémoires. 1789, 16 vol. in-12, demi-rel.

118 — **Maquet** (Aug.). Le comte de Lavernie. *Paris, de Potter,* 10 tomes en 5 vol. in-8, chag. rouge, tête dorée, n. rog.

Grand papier.

119 — **Maquet** (A.). Paris sous Louis XIV. Monuments et vues. *Paris, Laplace,* 1883, in-4, br. *Fig.*

120 — **Mazas.** Histoire de l'ordre royal et militaire de Saint-Louis. 1861, 3 vol. in-8, br.

121 — **Mémoires** d'un ancien Chef Vendéen. 1832, 3 vol. in-8, br.

122 — **Mémoires** de la Ligue, depuis 1576 jusqu'en 1598. *Amsterdam,* 1758, 6 vol. in-4. v.

123 — **Mémoires** pour servir à l'Histoire de France sous le règne de Napoléon. 1830, 10 vol. in-8, demi-rel.

124 — **Métastasie.** Opere. *Parigi,* 1780, 12 vol. in-8, v. m., tr. dor., *Portr.*

125 — **Mezeray.** Abrégé chronologique de l'histoire de France. 1668, 3 vol. in-4, v. *Portr.*

126 — **Michaud.** Biographie universelle. 1815, 52 vol. in-8, cart.

127 — **Michaud** et **Poujoulat.** Nouvelle collection des des mémoires pour servir à l'Histoire de France. 1851, 32 vol. gr. in-8, demi-rel.

128 — **Montaigne.** Essais. *Paris, Bastien,* 1783, 3 vol. in-8, v., tr. dor. *Portr.*

129 — **Montaigne**. Essais. *Paris, Lefèvre,* 1818, 5 vol. in-8, demi-rel.

130 — **Monbarey** (Le prince de). Mémoires. 1826, 2 tomes en 1 vol. in-8, cart.

131 — **Moreri**. Le grand Dictionnaire historique. 1759, 10 vol. in-fol., v.

132 — **Musée** de Costumes. *Paris, Aubert.* 5 vol. in-4, cart. *Pl. color.*

133 — **Musset** (A. de). Œuvres. *Paris, Charpentier,* 1876, 10 vol. in-8, br. *Fig. de Bida.*

134 — **Musson**. Ordres monastiques. Histoire extraite de tous les auteurs qui ont conservé à la postérité ce qu'il y a de plus curieux dans chaque ordre. *Berlin,* 1751, 7 vol. in-12, v.

135 — **Nerval** (Gérard de). Scènes de la vie orientale, *Paris, Sartorius,* 1848-50, 2 vol. in-8, br.
  Édition originale. Envoi d'auteur.

136 — **Nodier**, Regnier et Champin. Paris historique. 1838, 2 vol. gr. in-8, cart., n. rog. *Fig.*

137 — **Nogaret**. Le Fond du sac. *Venise (Cazin).* 1780. 2 vol. in-18, bas. *Vig.*

138 — **Ovide.** Les Métamorphoses en latin et en françois, de la traduction de l'abbé Banier. *Paris, Barrois,* 1767-1771, 4 vol. in-4, v. marb., fil. tr. dor. *Fig. de Boucher, Eisen, Gravelot, Moreau et Monnet.*
  Bel exemplaire du premier tirage.

139 — **Pasquier** et Denis. Plan topographique et raisonné de Paris. 1765, in-12, v.

140 — **Peruchio.** La Chiromance, la Physionomie et la Geomance. *Paris,* 1657, in-4, parch. *Fig.*

141 — **Piganiol de La Force.** Description de Paris, de Versailles, de Marly, etc. 1742, 8 vol. in-12, v. *Pl.*

142 — **Piganiol de La Force.** Nouvelle description des Châteaux et Parcs de Versailles et de Marly. 1751, 2 vol. in-12, v. *Pl.*

143 — **Plauti.** Comœdiœ quæ supersunt. *Parisiis, Barbou,* 1759, 3 vol. in-12, maroq. rouge, fil. tr. dor. *Rel. anc.*

Bel exemplaire aux armes de Léopold-Charles de Choiseul, archevêque de Cambrai.

144 — **Plutarque.** Œuvres, trad. par J. Amyot. *Paris, Bastien,* 1784, 18 vol. in-8, v.

145 — **Polybe.** Histoire, trad. du grec par Dom Thuillier, avec les notes critiques de Folard. 1753, 7 vol. in-4, v. *Pl.*

146 — **Prudhomme.** Les Révolutions de Paris. 1790-1793, 17 vol. in-8, demi-rel. *Fig.* (217 numéros).

147 — **Rabelais.** Œuvres. 1732, 6 vol. in-12, v. *Fig.*

148 — **Racine** (J.). Œuvres. *Paris, Cellot,* 1768, 7 vol. in-8, v. *Fig. de Gravelot.*

149 — **Regnard.** Œuvres complètes. *Paris,* 1790, 6 vol. in-8, v. *Fig. de Moreau.*

150 — **Restif de la Bretonne.** Les Contemporaines. *Leipsick,* 1781, 26 vol. in-12, demi-rel. *Fig.*

151 — **Restif de la Bretonne.** Monsieur Nicolas, ou le Cœur humain dévoilé. *Paris*, 1794, 13 vol. in-12, br. (Les parties 3, 4 et 5 manquent).

152 — **Restif de la Bretonne.** La Prévention nationale. *Paris*, 1784, 3 vol. in-12, br. *Fig. de Binet.*

153 — **Revue** du théâtre. Journal des Auteurs, des Artistes et des Gens du monde, 1re année, 1834 à 1836, 9 tomes en 7 vol. gr. in-8, br. et cart. *Fig.*

154 — **Riccoboni.** Histoire du Théâtre italien. *S. l. n. d.*, in-8, v. *Pl. de costumes.*

155 — **Roucher.** Consolations de ma captivité, ou Correspondance. 1797, 2 vol. in-8, v., tr. dor. *Portr.*

156 — **Rousseau** (J.-J.). Œuvres. *Genève*, 1782, 12 vol. in-4, demi-rel.

157 — **Rousseau** (J.-J.). Œuvres complètes. *Paris, Dupont*, 1823, 26 vol. in-8, demi-rel. v. fau.

158 — **Sacre** et Couronnement de Louis XVI dans l'église de Reims. *Paris*, 1775, gr. in-8, v. *Pl.*

159 — **Saint-Amant.** Œuvres. *Paris*, 1629, in-4, parch.

160 — **Saint-Foix.** Œuvres complètes. *Paris*, 1778, 6 vol. in-8, v., tr. dor. *Fig. de Marillier.*

161 — **Saint-Maurice.** Gilbert. Chronique de l'Hôtel-Dieu. *Paris, Denain.* 1832, 2 vol, in-8, br. *Vig. d'Henri Monnier.*

162 — **Saint-Simon** (Le duc de). Mémoires. *Paris, Delloye*, 1842, 40 tomes en 20 vol. in-12, demi-rel. *Portr*.

163 — **Samète-Marthe**. Histoire généalogique de la Maison de France. *Paris*, 1628, vol in-fol. v.

164 — **Sand** (G.). Œuvres illustrées. *Paris, Blanchard*, 1853, 3 vol. gr. in-8, demi-rel. n. rog. *Fig. de T. Johannot*.

165 — **Satyre**. Menippée de la vertu du Catholicon d'Espagne. *Ratisbone*, 1726, 3 vol. in-12, v. *Pl*.

166 — **Scribe**. Œuvres. *Dentu*, 76 vol. in-12, br.

167 — **Serres** (Olivier de). Le Théâtre d'agriculture. *Paris, Huzard*, 1804, 2 vol. in-4, demi-rel.

168 — **Shakspeare**. Œuvres, trad. par B. Laroche. *Paris*, 1844, 2 vol. gr. in-8, demi-rel.

169 — **Simon** (J.) L'Ecole, le Travail, la Liberté. *Paris*, 1859-69, 4 vol. in-8, br. *Envois d'auteur*.

170 — **Soimet**. Dictionnaire des mathématiques appliquées. *Hachette*, 1867, gr. in-8 cart.

171 — **Soulavie**. Mémoires du règne de Louis XVI. 1801, 6 vol. in-8 bas.

172 — **Sully**. Mémoires des sages et royales œconomies d'Estat, domestiques, politiques et militaires de Henry Le Grand. *Amstelredam*, s. d., 2 tomes en 1 vol. in-fol. v.

Première édition.

173 — **Sully** (le duc de). Mémoires. 1745, 3 vol, in-4,
v. *6o portr. Grand papier.*

174 — **Tallemant des Réaux**. Les Historiettes. *Delloye*, 1840. 10 tomes en 5 vol. in-12, *demi-rel.
Portr.*

175 — **Théâtre** de campagne. *Paris, Ruault.* 1775,
4 vol. in-8, maroq. rouge, fil., tr. dor., rel. anc.
Aux armes du duc d'Orléans.

176 — **Théâtre** inédit du xixe siècle, *Paris, Laplace,*
1877, gr. in-8 demi-rel. chag. tr. dor. *Fig.*

177 — **Tillier** (C.). Œuvres. Nevers, 1846, 4 vol. in-18,
br., couvert. *Vig. par Chazerain.*

178 — **Tilly** (A. de), ancien page de la reine Marie-
Antoinette. Mémoires. 1830, 3 vol. in-8, br.

179 — **Turpin**. La France illustre. 1780, 3 vol. in-4,
demi-rel. *Portr.*

180 — **Vacquerie** (A.). Demi-teintes. *Paris, Garnier,*
1845, in-12, br., 1re édition. *Envoi d'auteur.*

181 — **Vadé**. Œuvres. *Troyes,* 1798, 6 vol. in-18, bas.

182 — **Visconti et Mongez**. Iconographie grecque et
et romaine. *Didot,* 1888, 5 vol. grand in-fol. demi-
rel., n. rog. *Pl.*

183 — **Voltaire**. Œuvres complètes. *Kehl,* 1785, 92 vol.
in-12, demi-rel.

184 — **Walter Scott**. Œuvres, trad. par Vivien. 1840.
25 tomes en 18 vol. in-8, demi-rel. *Fig.*

185 — **Winkelmann**. Histoire de l'art de l'Antiquité. *Leipzig*, 1891, 3 vol. in-4, v. *Fig.*

186 — **Zacharie**. Les quatre parties du jour, poëme. *Paris, Musier*, 1781, in-8, v. f. *Fig. d'Eisen.*

Environ 5,000 vol., romans, littérature, histoire, mémoires, etc.

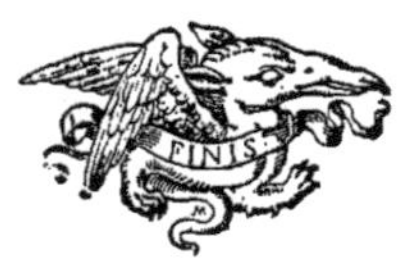

www.ingramcontent.com/pod-product-compliance
Ingram Content Group UK Ltd.
Pitfield, Milton Keynes, MK11 3LW, UK
UKHW031726170726
13836UKWH00001B/471